L. VERON

ANCIEN OFFICIER DE MARINE

DUQUESNE

AUX MOROS

PARIS

TYPOGRAPHIE DE E. PLON, NOURRIT ET Cie

RUE GARANCIÈRE, 8

1894

DUQUESNE

AUX MOROS

PARIS

TYPOGRAPHIE DE E. PLON, NOURRIT ET Cie

RUE GARANCIÈRE, 8

L. VERON

ANCIEN OFFICIER DE MARINE

DUQUESNE

AUX MOROS

PARIS

TYPOGRAPHIE DE E. PLON, NOURRIT ET Cⁱᵉ

RUE GARANCIÈRE, 8

1894

DUQUESNE

AUX MOROS [1]

Une statue de Duquesne récemment élevée devant la propriété des Moros, à 2 kilomètres de Concarneau, rappelle à la mémoire de tous ceux, chaque jour plus nombreux, qui ne sont pas insensibles aux gloires de la France, qu'un illustre homme de mer a vécu de longues années sur cette terre si heureusement située ; et peut-être trouveront-ils quelque intérêt à lire ce que l'on sait du séjour qu'y a fait, comme simple chef d'escadre, celui qui plus tard devait triompher des flottes espagnole et hollandaise.

Ce n'est pas Duquesne, comme beaucoup le croient, qui créa les Moros. Déjà fort anciens quand il les

(1) Ouvrages consultés : *Abraham Duquesne et la marine de son temps,* A· JAL ; — *Histoire de Brest,* P. LEVOT.

acquit, ils furent vraisemblablement occupés avant le douzième siècle par des Maures, auxquels ils doivent leur nom.

Maîtres des côtes de la péninsule Ibérique, dont ils avaient repoussé les flottes normandes, les pirates du sud, qui ne furent dépossédés de Porto qu'à la fin du onzième siècle, se trouvaient à deux ou trois jours des ports de France avec les vents de sud-ouest prédominant dans le golfe de Gascogne. Quoi de plus simple que d'admettre qu'ils séjournèrent sur des points de notre littoral et dans nos îles, où l'on rencontre des types exotiques dont l'existence, de même que le nom de Moros, ne peut être expliquée que par leur occupation?

Fut-il jamais, d'ailleurs, un point plus propice à une entreprise maritime que les Moros? S'avançant entre deux anses vers un mouillage sûr, abrité qu'il est par le pâté des roches de la ville close de Concarneau, ils descendent doucement d'un plateau d'où on découvre la pleine mer dans toute son étendue, de Groix à Penmarch. Quel meilleur poste d'observation que cette haute tour de jadis, d'origine peut-être normande, dominant les hautes futaies d'alentour, dont

le souvenir est resté dans le pays et qui n'a été recon-
struite qu'en partie? Là, point de surprise à craindre
du côté de la mer, avec des gens faisant bonne veille,
en ces temps où la terre n'était pas abordable la nuit.

Si une telle situation avait pu impressionner le
sens marin des pirates, elle était de nature à attirer
l'attention des officiers que le service du Roi amena
dans le pays pour les besoins de la marine naissante.
Et, en effet, nous voyons un capitaine des vaisseaux
de Sa Majesté, homme de confiance de Richelieu,
devenir propriétaire des Moros en 1635.

Augustin de Beaulieu, chargé par le grand maître
et surintendant de la marine de surveiller la construction des trente vaisseaux que les ports de Bretagne
devaient mettre en chantier, sur les quarante-cinq
approuvés par l'Assemblée des notables de 1626,
remarqua les Moros au cours de ses voyages le long
de la côte et les acheta dans l'intention, sans doute,
de se reposer des fatigues des nombreuses expédi-
tions entreprises pour le compte de la Compagnie
des Indes orientales. Mais il n'en jouit pas longtemps, car il mourut, deux ans après, laissant la
propriété à son frère David.

Contemporain et ami de Duquesne qui, venant de se marier, cherchait une terre à acquérir, ce Beaulieu lui offrit les Moros. L'affaire se conclut à Paris, le 21 janvier 1651, au prix de seize mille livres dont le payement intégral devait être l'occasion d'un long procès. Nous en parlerons après avoir vu l'importance des immeubles qu'alors on pouvait acquérir pour une telle somme.

L'acte d'achat dit : « Les terres et seigneuries « nobles des Moros situées en la paroisse de Lanriec, « près de la ville de Concarneau, pays et duché de « Bretagne, et tout ce qui en dépend, entre autres « choses deux moulins... »

De ces deux moulins il n'en reste plus qu'un, celui qui porte le nom de moulin du Moros ; l'autre était un moulin de mer, mû par le flot retenu dans un bassin de plus de cent hectares ; son existence a été prouvée par des matériaux et outils trouvés au cours des travaux d'ostréiculture exécutés dans l'anse du Moros à la hauteur de la digue qui s'opposait au retour de la marée.

Mais le moulin existant encore, les terres des Moros et celle de Kerosen, qui en a été détachée, représentent une valeur d'au moins trois cent mille francs, si on prend comme base d'estimation la somme indiquée pour la partie principale vendue récemment par adjudication.

Duquesne ne trouva pas, sans doute, trop élevé le prix de seize mille livres, le même, d'ailleurs, que Beaulieu avait payé dix-huit ans auparavant. Il emprunta huit mille livres, qu'il devait remettre en signant le contrat, à un marchand de Paris, avec qui on le voit souvent en relation d'affaires, et ne paya le complément du prix que jusqu'à concurrence de cinq mille quatre cent soixante-neuf livres.

Pourquoi cette retenue? Peut-être à cause d'un différend sur une cession de mobilier ou de cheptel dont les parties étaient convenues verbalement. Toujours est-il qu'un procès s'ensuivit, qui dura plus de vingt ans.

Une lettre de Seignelay sur la bataille navale de Sobbay (7 juin 1672) contient en effet la phrase suivante :

« Beaulieu se mêla fort avant et fit bien son devoir.

« Il a une affaire contre Duquesne, qu'il n'a point pu

« terminer à cause des lettres d'État que ledit sieur

« Duquesne a toujours obtenues. Cependant Duquesne
« possède son bien et le ruine par ce moyen... »

Le piquant de l'affaire, c'est que Beaulieu est alors,
et depuis longtemps, sous les ordres de Duquesne.

Payés totalement ou en partie, les Moros sont en la
possession du chef d'escadre qui vient s'y fixer dès
1651. Il a alors quarante et un ans et se propose,
après vingt-cinq ans d'une vie très active, de prendre
du repos.

Sauf de courtes absences, il va y passer une dizaine
d'années, jusqu'à la mort de Mazarin qui laisse dé-
périr la marine, ayant parfois le dessein de reprendre
du service, mais ne voulant le faire qu'avec « honneur
et dignité », c'est-à-dire en qualité de chef d'escadre,
grade qui lui a été conféré par Anne d'Autriche après
la soumission de Bordeaux. Faute d'armements impor-
tants, Duquesne s'adonne aux soins de sa fortune qu'il
arrondit par les opérations de ses navires de commerce : il en a quelques-uns, en tout ou partie, et il
place leurs bénéfices en achats de terres autour de
son domaine.

S'il a dû emprunter pour son payement des Moros,
ce n'est point qu'il soit sans ressource : il a une jolie

aisance. D'ailleurs, l'État a une dette envers lui pour l'armement de plusieurs vaisseaux marchands qu'il amena dans la Gironde en renfort à Vendôme, et en gage de laquelle il détient Indret. Cette dette lui est probablement payée sans grand retard, car il n'est plus question de l'île de la Loire dans ses rapports avec le ministre. En outre, à peine les Moros sont-ils acquis, qu'une bonne fortune vient à Duquesne : il reçoit cinquante-quatre mille livres pour une prise hollandaise. Deux ans après, il est en pourparlers avec la Compagnie de la Guyane pour la vente de deux navires qu'il ne veut pas conserver, car les risques du commerce maritime deviennent grands depuis que les vaisseaux du Roi ne prennent plus la mer. Il ne les cède pas alors, parce qu'il trouve l'offre insuffisante; mais il n'est pas téméraire de penser, les choses continuant à aller mal pour le commerce, que les navires ne tardèrent pas à être vendus.

Ces nombreuses et importantes réalisations permettent de comprendre comment Duquesne se trouva — peut-être assez rapidement — à la tête d'un vaste domaine, composé des terres suivantes dont l'énumération est faite dans les lettres d'union de fiefs et d'établissement de justice en la terre du Moros, accordées par le Roi au lieutenant général de ses armées navales, trente-deux ans après la première

acquisition : Quervichard (Kerrichard), Pouldohan (Pouldohan), Quergoët (Le Bois), Querenville (Le Passage), le Petit Moros (partie des Moros), Lenriecq (autour du bourg), Querliongar (??), Lamintin (Lanvintin).

Voici donc Duquesne propriétaire d'un grand nombre de villages qui payent leurs fermages en nature. Que va-t-il faire de tout le grain dont une partie lui arrivera par mer, faute de chemins? Tout d'abord l'emmagasiner en attendant de le vendre. Mais les locaux manquent. Il va en construire.

Au bord de l'anse, et à proximité du chemin qui mène du bourg de Lanriec à celui de Beuzec par le bois des Moros et la levée du moulin de mer, se trouve un endroit favorable. Le sol est nivelé; les terres sont retenues par des pieux enfoncés dans la grève; un platin, à mi-hauteur de marée et bordé de pierres de taille, est établi de manière que les barques, entrées avec le flot dans le bassin de retenue, puissent décharger à toute heure; des magasins sont élevés et bientôt pleins.

Pour les vider, on attendra qu'un caboteur fasse des offres suffisantes, et si le prix est rémunérateur, ils ne resteront pas longtemps vides; on fera un peu de commerce. Il y a, le long de la côte, d'excellentes terres à blé, enrichies par la coupe annuelle du goémon, qui n'ont ni chemins pour des charrettes, ni ports pour des navires : on y fait les transports à dos de cheval ou mieux par des barques qui vont à Concarneau et continueront volontiers pour l'anse du Moros, si elles trouvent à y vendre leur grain.

Le seigneur du Moros n'est pas encore le grand Duquesne, c'est un gentilhomme campagnard qui ne dédaigne pas l'argent et ne croit pas déroger en augmentant son bien par des opérations de commerce. Mais ce sont des opérations qu'il conduit de haute main. Le laisser-aller de la vie de campagne n'a pas eu prise sur lui; il n'a rien perdu de son allure de chef d'escadre : sa tenue est soignée, son linge parfumé, sa perruque lustrée. Il demande souvent qu'on lui envoie de Grasse de l'eau de la Reine de Hongrie et de l'essence d'ambre. Heureux près de sa femme et de ses enfants, car deux fils lui sont nés, il a pris son parti d'être sans emploi, lorsque des nouvelles du Nord viennent troubler son repos : il est question d'armements en Suède.

A ces bruits, son humeur guerrière se réveille; peut-être va-t-il trouver une occasion d'obtenir un commandement important auquel il ne songe plus en France, puisque la marine y est entièrement délaissée. Il écrit au maréchal Wrangel, sous les ordres duquel il a brillamment servi dix ans auparavant, s'offre à lui, le flatte en lui disant « qu'il espère bien « qu'il va être fait grand amiral ; que le jour où il « apprendra cette bonne nouvelle, il fera tirer du « canon, non celui du Roi, mais plus de cinquante « pièces qu'il a prises sur l'ennemi ». Les choses traînent en longueur et paraissent s'arranger en 1656 ; car, dans une lettre du 20 octobre, Duquesne annonce qu'il va partir.

Il n'en fit rien et ne servit pas cette année plus que les précédentes et les suivantes. Ce n'est qu'en 1661, au moment où Colbert va relever avec éclat la marine, que nous voyons le chef d'escadre remonter sur les vaisseaux du Roi.

Il reste donc aux Moros, où il continue ses opérations de commerce et d'armement, en collaboration, pour celles-ci, avec son frère Jacob, capitaine de vaisseau, qui meurt près de lui en 1660. Entre temps, les jours de deuil ou de fête, il fait tirer du canon.

Sans doute il a disposé une partie de son artillerie dans les emplacements où son effet est le plus marquant, et, dans ce but, il a mis à profit les deux positions stratégiques du Petit-Moros, d'où Concarneau a été canonnée pendant la guerre de Cent ans et au temps de la Ligue, qui sont en ligne droite avec la ville close et dont la distance marque les progrès de l'artillerie dans les deux premiers siècles de son emploi.

Toutes les deux existent encore. La première, connue sous le nom de *Butte des Anglais*, est un mamelon élevé sur les rochers qui surplombent la rive gauche du Moros; la seconde, sorte de retranchement, plus en arrière et plus haut, se voit à l'entrée du bois qui longe la rivière. Ni l'une ni l'autre ne paraissent pas avoir jamais fait grand mal aux fortifications de la ville, dont les rares boulets ont dû être lancés du plateau occupé par la gare de Concarneau.

Ces cinquante canons des Moros, bagage assez encombrant, n'ont certes pas suivi Duquesne au Bouchet, près d'Étampes, lorsqu'en 1681, grâce aux libéralités du Roi, il acquit cette belle propriété, plus en rapport avec sa grande situation de lieutenant général des armées navales, vainqueur de Ruyter; beaucoup sont restés dans le pays; et il y a tout lieu de croire que le musée de Keryolet contient plusieurs d'entre eux.

Après avoir longtemps conversé avec ses canons, il devait tarder à Duquesne d'entendre la voix des canons du Roi. Aussi le voyons-nous à Brest, dès que la main vigoureuse de Colbert saisit la direction des affaires maritimes.

Désormais, les Moros ne seront plus le séjour exclusif du chef d'escadre qui va être chargé, pendant quatre ans, de diverses missions et, durant les sept années suivantes, d'un rôle important dans la création de l'arsenal de Brest, principal port du Ponant; mais, en raison de sa proximité des Moros, il y reviendra souvent; et, à ce titre, il appartient encore au modeste cadre que nous nous sommes tracé. Aussi bien, nous ne savons encore presque rien du caractère de l'homme que nous allons connaître par ses relations de service, sans chercher à le suivre pas à pas dans sa longue carrière, dont le couronnement devait avoir pour effet de l'enlever définitivement aux Moros.

Financier habile, Colbert ignorait tout des choses de la mer; il lui fallait des hommes pratiques à consulter.

Ayant fait choix de Duquesne, dont il apprécie vite

le sens marin, le jugement et l'expérience, il met un grand soin à satisfaire ses exigences, témoignant ainsi la considération qu'il a pour lui. Et ce n'est point aisé, car le chef d'escadre est difficile; il ne veut servir à la mer que dans certaines conditions. Capitaine des vaisseaux du Roi depuis 1628, muni d'une commission de chef d'escadre depuis 1650, il ne doit point être sous les ordres « d'un lieutenant « général, eût-il l'attache de l'amiral, car aucun n'a « commandé avant lui... aussi, il doit porter le pavil- « lon au grand mât... » Cette question de marque distinctive revient périodiquement, à chaque arme- mert; et Colbert cède, car il ne veut pas que le chef d'escadre, qui est d'un bon conseil, prenne de l'humeur et se retire de nouveau aux Moros, faute d'un commandement à son gré.

Se sentant soutenu, Duquesne prend immédiate - ment une grande influence sur les constructions et les armements du Ponant. On l'écoute parce qu'il a l'oreille du ministre, mais on s'en plaint; on le trouve « envahissant, voulant tout voir, tout conseiller, tout « faire... », « d'un caractère pointilleux... », ayant, en un mot, toutes les qualités d'une volonté ferme qui s'impose. Chose rare en ce temps-là, il ose faire de l'opposition aux idées personnelles de Colbert et du duc de Beaufort sur le recrutement des officiers de vaisseau. « Ceux-ci croyaient fort important de faire « entrer dans la marine des gens de qualité et ayant « du bien... » « Cela pare bien la marchandise, et, « avec l'expérience de bons lieutenants, le service « s'en fait mieux. » Duquesne, au contraire, voulait de bons capitaines, fussent-ils roturiers, et ne comptait pas sur la seule expérience des lieutenants. C'est, dit son historiographe, « qu'il était fils d'un capitaine « marchand, petit-fils d'un ouvrier, et tenait à la « noblesse par un lien fort mince ». Nous croirions plus volontiers que c'est qu'il avait le sentiment très net de l'autorité et de l'obligation qu'elle impose, en marine, de connaître parfaitement les diverses parties de l'art naval, d'ailleurs fort peu compliqué au siècle du grand Roi.

Pour Duquesne, il n'était point de détail indigne de l'attention du chef, et sa compétence, reconnue de tous, amena le ministre à s'assurer de son concours quand il eut résolu de faire quelque chose de grand à Brest, à ce point délaissé par Mazarin que, de

1655 à 1658, on n'y avait dépensé annuellement que 16,585 livres, en moyenne, pour achat de matières, et que son personnel administratif était réduit à un officier de port et un écrivain. Dans ce but, Colbert fit pour Duquesne ce qu'il n'avait fait pour nul autre : il concentra entre ses mains l'autorité militaire et l'autorité administrative.

Le chef d'escadre amène les vaisseaux du Ponant à Brest, qu'il considère, aussi lui, comme le point le plus convenable à un important établissement maritime, mais où tout est à faire, car Richelieu n'a laissé qu'une ébauche. Les défenses du goulet, de la rade et du port sont à organiser; des casernes, des magasins, des ateliers, des moulins, des fours, à construire; des vaisseaux à mettre en chantier; une forme de radoub doit être creusée; le port approfondi. En compagnie de l'intendant du Seuil qui a ordre de Colbert de « ne rien résoudre que par sa participation », Duquesne se met à l'œuvre et, à eux deux, ils font si bonne besogne, secondent si bien les desseins du ministre que, sur cent onze vaisseaux construits de 1661 à 1671, Brest en compte un très grand nombre.

Cette longue collaboration paraît s'être faite sans difficultés, bien que le chef d'escadre se montrât très exigeant pour les vaisseaux qu'il commandait et particulièrement pour celui qu'il montait en personne. Trouvant peut-être insuffisants les règlements d'armements, il voulait toujours avoir plus d'agrès et de rechanges; et, n'aimant pas le contrôle, chose assez commune à l'époque, il souffrait difficilement la revue du commissaire chargé de constater la présence à bord de tous les hommes inscrits au rôle.

Plusieurs lettres adressées au ministre en témoignent, dont la concordance ne permet pas de douter qu'il en fut ainsi. En voici deux assez curieuses, émanées de Colbert du Terron, intendant général de la marine du Ponant, qui se trouvait à Brest en même temps que le duc de Beaufort, commandant l'escadre en sa qualité de vice-amiral, et sous les ordres duquel était Duquesne :

« ...Mme Duquesne a eu le crédit jusques aujour-
« d'hui de m'empêcher de faire la revue de l'équipage
« de son mari, M. l'Amiral ayant toujours fait re-
« mettre de jour à autre aux commissaires que j'ai
« envoyés pour ladite revue. Il y avait assez lieu de

« faire une affaire de cela, mais j'ai vu qu'il con-
« venait, avec votre intention, de *couler*, et je vous
« supplie de n'en rien témoigner... » Et puis : « ... il
« faut tout pour lui... Cette fois, je m'en tire avec
« une cinquième grosse ancre... » (devenue plus
tard réglementaire dans la marine, ce qui prouve
que Duquesne n'avait pas toujours tort).

On cédait parce qu'on n'ignorait pas que le
ministre considérait Duquesne comme un homme
nécessaire ; mais cela indisposait contre lui. Ses
ennemis surent tirer parti d'un grave dissentiment
survenu entre d'Estrées et lui, à la suite de la bataille
de Solebay où il était en sous-ordre comme lieutenant général, et il tomba en disgrâce. Les dix-huit
mois qu'elle dura, il les passa vraisemblablement aux
Moros.

Second de Vivonne, qui commande nominalement
l'escadre envoyée au secours de Messine révoltée
contre Charles II, Duquesne va, contre toute attente,
entrer en lutte avec le plus grand marin du siècle. A
la nouvelle que Ruyter est sur le point de se joindre
aux Espagnols, l'esprit de Colbert, prévenu par la
cabale menée par les amis de d'Estrées, est plein

d'appréhension : le ministre a perdu confiance en celui qui a été si longtemps son conseil, et il va jusqu'à écrire à son fils :

« Il n'y a aucune comparaison à faire entre la tête « et le cœur de Duquesne et la tête et le cœur de « Ruyter... »

Mais les événements vont infirmer ce jugement immérité.

Dans une première bataille, l'avantage reste aux Français ; Messine est ravitaillée. Au dire de Vivonne, Duquesne a fait des merveilles ; et Ruyter, lui-même, rend justice à son adversaire dans un rapport aux États Généraux, plein d'une chevaleresque admiration pour son habileté. Dans une seconde rencontre, qui fut une mêlée furieuse, l'armée hispano-hollandaise perd douze vaisseaux, six galères, sept mille hommes ; et, événement plus considérable, elle est atteinte dans la personne de son chef : Ruyter est blessé à mort. Quelques jours après, il expire, au moment même où l'escadre de Duquesne, refaite, apparaît devant Syracuse pour engager un nouveau combat. Ce combat n'eut lieu qu'un mois après, dans le port de Palerme. qui vit la ruine de la flotte alliée.

Des succès si décisifs devaient attirer à Duquesne la faveur du Roi. Elle est annoncée, mais ne vient pas. C'est à peine si le lieutenant général, chagrin de ne pas voir se réaliser les promesses de Sa Majesté, réussit, par l'entremise de Mme Duquesne auprès de Colbert, à se faire payer des arriérés de traitement dont « le retard le contrarie parce qu'il est peu riche « et père de famille ». Et la raison de cet oubli, nous la voyons apparaître, pour la première fois, dans la correspondance du ministre, à la date du 1er janvier 1677 : Duquesne est protestant.

« Sa Majesté a été fâchée, dit-il, que la considéra- « tion de votre religion, pour laquelle vous savez qu'il « est toujours nécessaire qu'elle ait des égards parti- « culiers, l'ait empêchée de vous procurer de plus « grands avantages. »

Et plus tard : « ...Attribuez à la seule raison de « votre religion le défaut d'élévation dont vous vous « plaignez... »

Mais Duquesne compte bien qu'il triomphera de la volonté de Louis XIV en illustrant son règne par de nouvelles victoires.

A plus de soixante-dix ans, il parcourt en tous sens

la Méditerranée à la poursuite des Barbaresques, canonne les corsaires de Tripoli réfugiés dans Chio, bombarde Alger deux années de suite, et finalement châtie Gênes, dont le doge va demander grâce à Versailles. Toutes ces belles actions sont vaines : on lui tient rigueur. La vice-amirauté du Levant, objet innomé de ses convoitises, restera vacante « s'il ne fait sa réunion ». Tant « qu'il sera à Genève », on ne lui fera pas une grande situation dans l'État, mais on lui donnera de l'argent et quelques menues satisfactions.

Justement le lieutenant général cherche à acquérir, pas trop loin de Versailles, une terre pour se reposer entre chaque campagne, où il soit à même d'aller conférer avec le ministre, et qui réponde mieux à l'éclat de son nom, maintenant illustre, que les Moros, si éloignés qu'il ne les a pas vus depuis huit ans qu'il commande dans la Méditerranée.

Cette terre, le Bouchet, que Mme Duquesne découvre près d'Étampes, le Roi en payera l'acquisition, et « pour plus grande décoration » il concédera à Duquesne « le droit de haute, moyenne et basse jus- « tice sur les sujets et vassaux de cette seigneurie »

(14 août 1681), ainsi que sur ceux de la seigneurie des Moros (janvier 1682), « à la condition que le « sieur Duquesne, ses enfants, descendants et ayants « cause ne pourront faire, en lesdites terres et lieux « en dépendant, aucun exercice de la R. P. R. (1), « sous quelque prétexte que ce soit ».

Le Roi espérant encore vaincre la résistance de son lieutenant général, Bossuet intervient, Colbert presse.

« Sa Majesté, écrit le ministre, est satisfaite de vos « services, et vous pourriez vous attendre à toutes « les grâces que vous pouvez prétendre *si les exclu-* « *sions que vous nous donnez* n'empêchaient Sa Ma- « jesté de vous en faire de plus grandes. »

Est-ce assez suggestif? Duquesne peut-il douter que le gage de sa « réunion » ne soit l'objet de sa secrète ambition, le couronnement de sa noble carrière?

Cependant il répond dignement : « Je croyais que, « puisque j'avais exposé les principaux articles de « ma religion à Mgr l'évêque de Condom, il les a

---

(1) Religion prétendue réformée.

« approuvés comme étant d'une doctrine chrétienne
« et conformes aux bonnes mœurs, et que le seul dé-
« faut qu'il y trouve est seulement que je ne crois pas
« assez ; cela ne devrait pas, ce me semble, m'avoir
« attiré ces exclusions... Puisque c'est le commande-
« ment du Seigneur de rendre à César ce qui est à
« César et à Dieu ce qui appartient à Dieu, César,
« sans doute, ne trouvera pas mauvais qu'en lui
« donnant religieusement ce qui lui est dû, l'on rende
« aussi à Dieu ce qui lui appartient... »

Mais les temps sont proches. Les réformés au service sont avertis qu'ils aient à choisir entre leurs
places, leurs grades, leurs offices, et l'abjuration.

Duquesne se retire au Bouchet à la fin de 1684.
Dix mois après, l'orage éclate ; le Roi révoque l'édit
de Nantes. Mesure impolitique, qui poussa vers les
frontières tant de Français, jaloux de la liberté de
leur conscience, et enrichit l'étranger de leurs talents,
de leurs arts et de leurs fortunes.

Duquesne mourut à Paris, en 1688, après avoir eu
la douleur de voir émigrer les deux aînés de ses
quatre fils.

Le plus âgé, Henri, né aux Moros en 1651, capitaine des vaisseaux du Roi, commandait le *Saint Esprit* que montait son père dans les eaux de la Sicile ; il s'était brillamment conduit dans les batailles gagnées contre Ruyter. Marié en 1683 avec Mlle Rose de Beaucaire, il avait gagné la Suisse, quelques mois avant la révocation de l'édit de Nantes, et y avait acheté la terre d'Aubonne dans le canton de Vaud. Dans la pensée de son père, il était destiné à avoir la terre du Bouchet, à titre de fils aîné et de principal héritier, comme il est qualifié dans son contrat de mariage. Il mourut à Genève en 1722.

Le second fils de Duquesne, désigné sous le nom de Duquesne-Moros, sans doute parce que les Moros lui étaient réservés, y était né en 1653. Il navigua plusieurs fois avec son père et était enseigne de vaisseau en 1683. Seignelay obtint de lui une demi-conversion sur laquelle il revint un an avant la mort de son père. Il passa ensuite en Hollande, où il mourut en 1695.

Les deux plus jeunes fils, Jacob et Isaac, firent leur soumission.

En 1715, lors d'un règlement de compte entre les survivants, Jacob, marié en 1694, est capitaine de frégate à Rochefort ; Isaac, qui a été mousquetaire du Roi, habite les Morós et a, en toute propriété, les Moros, Kerrichard, et aussi la terre de Moraine, près Blois. Il n'est point alors marié et meurt à Versailles en 1745.

Mais, à cette date, les Moros, qui ont été pendant près d'un siècle aux mains des Duquesne, sont, depuis un certain temps, entre celles d'un sieur Périer dont un descendant, du nom de Salvert, émigre à la Révolution.

Le 9 vendémiaire an IV, trois métairies du Grand-Moros et celle de Kerrichard sont vendues nationalement : les premières, formant à peu près la moitié des terres primitivement acquises par Duquesne, pour le prix total de 975,000 livres. Ce chiffre, cent fois plus fort que celui de la valeur réelle, indique à quel degré de dépréciation étaient alors tombés les assignats, qui, cinq mois après, devaient être annulés.

Sous la Restauration, les Moros sont possédés par M. Morel, ancien directeur général du service des vivres; sous le gouvernement de Juillet, par le baron Penguilly L'Haridon, ancien intendant de l'armée.

Jusqu'en 1848, la terre est vraisemblablement ce

qu'elle était au temps de Duquesne ; mais, vers cette époque, elle passe en de nouvelles mains et change notablement d'aspect par l'exploitation des magnifiques futaies qui entourent encore le manoir d'une épaisse ceinture et dont on ne conserve que quelques arbres du côté nord. Un peu plus tard, la construction du pont du Moros, sur lequel va passer la route départementale, et l'ouverture du chemin de grande communication n° 22 achèvent de modifier l'aspect de la propriété : elle est amputée de la ferme de Kerosen et séparée de l'anse du Roudouic qui, endiguée par la route départementale, ne reçoit plus la mer. Les Moros n'ont plus ainsi qu'un côté dans l'eau et vont perdre un peu de leur vue sur l'arrière du port de Concarneau par la construction d'une usine à sardines, élevée sur les rochers que la route a isolés. C'est ainsi modifiés qu'ils furent acquis par M. de Chauveau, quelques années avant la guerre.

Fort habile à fouiller l'histoire, à en exhumer des faits et à les grouper, le nouveau propriétaire possédait déjà le château de Keryolet où il a fait de fort jolies choses et en aurait exécuté de plus belles si, sur d'un long avenir, il avait osé entreprendre une œuvre d'ensemble.

Moins attaché aux Moros, qui cependant avaient à ses yeux une valeur historique, il se contenta de prendre des mesures de préservation contre l'écroulement du manoir et d'en relever la tour, mais à petite hauteur. Puis il construisit une belle ferme avec les matériaux du Petit-Moros, et transforma en villa l'usine à sardines, achetée dans ce but, dont l'aspect lui était déplaisant. Enfin, au point de jonction de la route départementale et du chemin vicinal, véritable point d'accès aux Moros depuis l'établissement du pont, il fit élever une maison de garde fort jolie et très soignée qu'il destinait à servir de fond à une statue de Duquesne.

Le socle en fut dès lors posé dans l'axe de cette maison et la direction du manoir, au milieu d'une demi-circonférence de gros piliers en granit, unis trois à trois par des murs en pierre de taille bordés de larges dalles, et donnant passage au chemin vicinal et à la voie d'accès au manoir; celle-ci fut mise aux mêmes largeur et orientation que le chemin, ce qui faisait dire avec humour à M. de Chauveau qu'il

« confisquait à son profit le chemin de communica-
« tion n° 22 ». Le fait est qu'il semble s'enfoncer dans
la propriété, qu'il longe simplement, et donne grand
air à la terre des Moros.

Toutefois, le choix de cet emplacement n'est pas
heureux. Dans l'attitude du commandement guerrier,
le vainqueur de Ruyter a le bras tendu vers une place
forte qui n'appartient pas à l'histoire de sa vie et sur
des vases le plus généralement découvertes, d'une
vue peu intéressante. Et l'idée viendra à plus d'un
que le monument élevé en ce lieu est moins un
hommage au glorieux Duquesne qu'un embellisse-
ment à la propriété des Moros.

PARIS. — TYP. DE E. PLON, NOURRIT ET Cie, RUE GARANCIÈRE, 8.